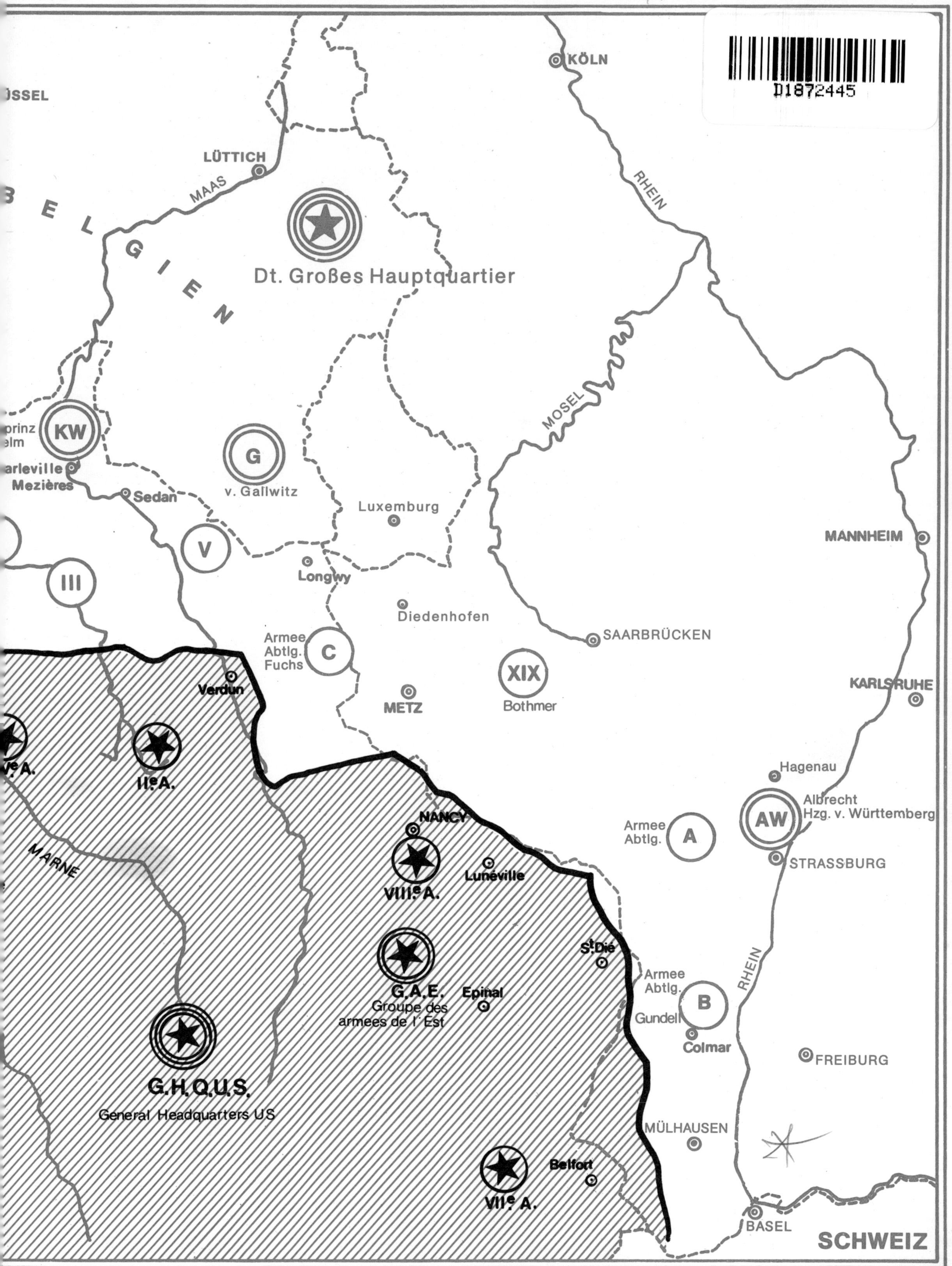
KÖLN
ÜSSEL
LÜTTICH
MAAS
BELGIEN
RHEIN
Dt. Großes Hauptquartier
MOSEL
KW
prinz
elm
G
v. Gallwitz
arleville
Mezières
Sedan
Luxemburg
V
III
Longwy
MANNHEIM
Diedenhofen
Armee
Abtlg.
Fuchs
C
SAARBRÜCKEN
XIX
Bothmer
Verdun
METZ
KARLSRUHE
IIe A.
Hagenau
NANCY
Albrecht
Hzg. v. Württemberg
AW
Armee
Abtlg.
A
MARNE
Lunéville
STRASSBURG
VIIIe A.
St Dié
RHEIN
G.A.E.
Groupe des
armees de l' Est
Epinal
Armee
Abtlg.
B
Gundell
Colmar
FREIBURG
G.H.Q.U.S.
General Headquarters US
MÜLHAUSEN
Belfort
VIIe A.
BASEL
SCHWEIZ

1918

VOM KRIEG ZUM FRIEDEN

E. BASCHET

1918
VOM KRIEG ZUM FRIEDEN

Eine historische Foto-Reportage

SWAN VERLAG · KEHL AM RHEIN

VON DIESEM BAND WURDEN 50 EXEMPLARE
ALS SONDERDRUCK, NUMERIERT VON 01-50, HERGESTELLT.

VORWORT

Erst das Auge verleiht den Bildern der Vorstellungskraft ihre Konturen. Die Schilderung der Geschichte mit größtenteils unveröffentlichten Originalfotografien läßt uns den Ablauf der Ereignisse, die unser Jahrhundert gezeichnet haben, besser einschätzen, beurteilen und begreifen. Unsere Reihe „Historische Foto-Reportagen" beruht auf diesem Prinzip.

Der erste Band „Rußland 1904—1924" erschien im Frühjahr 1978 im Swan Verlag Kehl a. Rh. und schildert mit über 300 Exklusivfotos die verschiedenen Phasen des Unterganges des Zarenreiches und den Aufstieg und schließlich die Machtergreifung der Bolschewisten.

Dieses zweite Werk ist dem Ende und der Schlußphase eines der größten Kriege aller Zeiten gewidmet.

Hier wird der Betrachter das wahre Gesicht der Schlachtfelder entdecken ebenso wie die ungewöhnliche und sonderbare Stimmung in der Heimat. Es geht nicht darum, die eine oder andere Heldentat zu verherrlichen, sondern vielmehr das Wesen dieses Krieges verständlich zu machen. Zwei Ideologien stehen sich gegenüber, aber die Zeche zahlt der Mensch: 10 Millionen Tote. Und schließlich ist das Leid und das Elend auf beiden Seiten dasselbe ebenso wie die menschliche Größe.

Diese Reportage ist aus 170 ungewöhnlichen Fotografien zusammengestellt. Die Aufnahmen stammen nicht nur von professionellen Kriegsberichterstattern, sondern zum großen Teil von Kriegsteilnehmern beider Seiten. Dieser einzigartige Zugang zur Geschichte wird auch noch dadurch betont, daß jeweils die linke Seite den Alliierten, die rechte den Deutschen vorbehalten ist. Diese Gegenüberstellung läßt die tiefen und geheimen Ursachen von Sieg und Niederlage deutlicher erscheinen denn je, zeigt den Mut und die Hingabe der kämpenden Soldaten beider Parteien, illustriert Mut und Verzweiflung.

Eric Baschet

DER LETZTE KRIEG

Der letzte Krieg. Das ist der letzte aller Kriege. Wenn Recht und Gerechtigkeit einmal gesiegt haben, wird niemand mehr wagen, zu den Waffen zu greifen. Und schließlich wird der Kampf nur von kurzer Dauer sein. Die Fachleute versichern, daß es eine Angelegenheit von wenigen Wochen sei. Wir sind rechtzeitig vor Weihnachten zurück, glauben die Soldaten. Der technische Fortschritt ist zu umwälzend, die Waffen sind zu mörderisch, als daß sich der Konflikt lange hinziehen könnte. Wir sind schnell in Paris, hört man in Deutschland überall. Nach Berlin, antwortet man in Frankreich. In dieser Stimmung beginnen im August 1914 die Feindseligkeiten.

Auf der einen Seite Deutschland, Österreich-Ungarn, Bulgarien, denen sich bald die Türkei anschließt; auf der anderen Frankreich, Großbritannien, Rußland, Belgien, Serbien, mit denen sich zunächst Italien und Japan und später die Vereinigten Staaten verbünden. Und nicht zu vergessen Australier, Neuseeländer, Kanadier, Afrikaner, Annamiten und Inder, die über Meere und Ozeane hinweg ihren europäischen Kolonialherren zu Hilfe eilen. Ein Weltkrieg begann, und niemand vermochte die Folgen abzusehen. Die wichtigen militärischen Operationen indessen spielen sich in Europa, an der deutsch-russischen Front und vor allem in Nordfrankreich ab. Die Deutschen wollen die sie bedrückende „Einkreisung" sprengen und die ihrer Meinung nach berechtigte wirtschaftliche Expansion fortsetzen. Aber das Kernproblem ist der deutsch-französische Gegensatz. Wenn er nicht ausgeräumt wird, ist kein Frieden möglich. Elsaß und Lothringen, die französische Niederlage 1870/71, das übersteigerte Nationalgefühl auf beiden Seiten des Rheins . . . Kurz: die Gelegenheit zur Revanche ist da! Doch entgegen den jeweiligen Prognosen gelingt keiner Armee der Sieg. Die Streitkräfte des kaiserlichen Deutschland erreichen in wenigen Wochen die Marne und werden unter ungeheurem Einsatz der französischen Soldaten zurückgeworfen. Beide Parteien befestigen ihre Stellungen. Von den Vogesen bis zur Nordsee stabilisiert sich die Front mit einer bedrohlichen Ausbuchtung in Richtung Paris. Das Warten beginnt. Man richtet sich ein. Der Winter naht. Weihnachten zu Hause? 1914 noch nicht, vielleicht 1915, wenn nicht erst 1916 oder 1917 oder noch später.

Die ersten Schützengräben tauchen auf. Sie sind noch Stückwerk, aber menschliche Erfindungsgabe bringt sie bald zur Perfektion. Stacheldraht und Eisenverhaue bieten besseren Schutz gegen feindliche Überraschungsangriffe. Primitive Unterstände erlauben, sich ein wenig auszuruhen. Gänge verbinden Schützengräben, Feldküchen, Lazarette, Kommandostände miteinander. Und überall ekelerregende Gerüche. Der Regen verschlammt die Gräben. Läuse, Ratten, Ungeziefer sind ständige Begleiter der Männer, die trotz Angst und Kälte darauf hoffen, dieser Hölle lebend zu entkommen. Leben, wieder leben, überleben . . . Aber der Tod ist immer gegenwärtig. Dumpfe Stöße unter dem Graben? Die Feinde haben ihn untergraben und eine Mine angebracht, die bei der Explosion ein Dutzend Soldaten töten und einen gewaltigen Krater reißen wird. Von Zeit zu Zeit wird versucht, die feindlichen Linien zu durchbrechen. Nach langer Artillerievorbereitung stürzen sich die Männer aus den Schützengräben. Unter Maschinengewehrfeuer kommen sie einige Meter voran, vielleicht sogar einige Kilometer, dann müssen sie von neuem Deckung suchen, sich eingraben. Wenn die Leichen bestattet sind, beginnt wieder das unendliche Warten. Der Durchbruch sollte weder bei Verdun, noch am Chemin des Dames, noch an der Somme erfolgen.

In den ersten Monaten des Jahres 1917 greift Entmutigung in den Regimentern des französischen Heeres um sich. Drei Winter in den Gräben, eine äußerst verlustreiche und unnütze Offensive, das schrittweise Ausscheiden des russischen Verbündeten aus dem Krieg, die Amerikaner, die zwar Deutschland den Krieg erklärt haben, aber noch nicht bereit sind . . . Es braucht die ganze Energie Clemenceaus, der im November 1917 Ministerpräsident wird, damit Frankreich die moralische, politische und soziale Krise überwindet. Aber geht es den anderen Kriegführenden besser? England steht ebenfalls vor inneren Problemen, und der irische Konflikt trifft das Land hart. In Rußland bricht die bolschewistische Revolution aus. Deutschland und Österreich-Ungarn sehen sich mit der feindseligen Haltung der von ihnen unterdrückten Nationalitäten und dem Friedenswillen der Sozialisten konfrontiert. „Ich warte auf die Amerikaner und die Tanks", soll General Pétain gesagt haben. Wenn die Amerikaner endlich frische Truppen in großer Zahl nach Europa schicken können, zerbricht vielleicht das Gleichgewicht der Kräfte, und dem aufreibenden Stellungskrieg wird ein Ende gesetzt. Das Jahr 1918 wird in der Tat die Entscheidung bringen.

Die Photographien, die Eric Baschet sorgfältig ausgewählt hat, illustrieren ausgezeichnet den letzten Akt eines gewaltigen Schauspiels. Sie zeigen als erstes, daß plötzlich der Bewegungskrieg wieder einsetzt. Die Deutschen glauben, daß ihre Gewehre und Kanonen jetzt den Sieg bringen. Im Osten haben sie keinen Feind mehr. Die Russen haben sich am Tage nach der Oktoberrevolution zur Unterzeichnung eines Waffenstillstandes und dann zu einem Separatfrieden entschlossen, unter Preisgabe Polens und der baltischen Staaten. Die Rumänen mußten ihre Niederlage eingestehen. Das Gros der deutschen Kräfte wird jetzt an die Westfront geworfen. Vom 21. März an greifen sie um so entschlossener an, als sie das Eintreffen der amerikanischen Truppenmassen befürchten. Sie erschüttern die französischen und englischen Stellungen und stehen erneut an der Marne. Paris wird von weittragenden Geschützen bombardiert. Drei Monate seltener Grausamkeit, voller erbittertem Widerstand. Auf französischer Seite hält die Moral der Truppe und der Zivilbevölkerung. „Wir schlagen sie", war 1916 zu hören. Diese Zuversicht überwiegt auch zwei Jahre später. Zum Sommeranfang verändert sich die Lage grundlegend. Im Juni-Juli bleibt der deutsche Vorstoß stecken. Der 8. August ist mit den Worten General Ludendorffs „der schwarze Tag des deutschen Heeres". Foch, zum Generalissimus der verbündeten Armeen ernannt, leitet mit seinen berühmten überraschenden Vorstößen die Generaloffensive ein. Die Amerikaner landen in ununterbrochenen Wellen. Sie zählen schon eine Million auf französischem Boden, im November wird sich ihre Zahl verdoppeln. Vom Argonner Wald bis Reims, von der Champagne bis ins Artois sind die Deutschen zum Rückzug gezwungen. Im Oktober richten sie ein Waffenstillstandsgesuch an Präsident Wilson. Kurz darauf dankt der Kaiser ab und die Republik wird ausgerufen. Der Krieg wird im November zu Ende sein. In Rethondes bei Compiègne treffen sich deutsche und alliierte Unterhändler, um den Waffenstillstand zu unterzeichnen.

War es ein Sieg für Frankreich und seine Verbündeten? Damals glaubte man es oder tat wenigstens so. Ein Sieg zu welchem Preis! Anderthalb Millionen Franzosen, junge und im besten Mannesalter, starben – bei einer Bevölkerung von 39 Millionen. Die Felder der Ile-de-France, der Pikardie, Lothringens und der Champagne sind verwüstet, unzählige Häuser zerstört. Es ist wohl eher eine Niederlage Europas. Eine Niederlage der Menschheit, zählt man die Verluste, die in Deutschland höher liegen als in Frankreich, noch höher in Rußland, ein wenig darunter in Großbritannien oder in Italien. Eine wirtschaftliche Niederlage, berücksichtigt man die Folgen für die Produktion, die Staatshaushalte, das internationale Handelssystem. Eine politische Niederlage, denkt man an die tiefen Veränderungen, die die liberalen Institutionen während der vier Kriegsjahre erfuhren und daran, daß sich schon im Dunkeln die faschistischen Bewegungen regen, die ihre Schatten auf die Zwischenkriegszeit werfen sollten. Eine soziale Niederlage endlich, denn der Krieg hat die Grundlagen der europäischen Gesellschaftsordnung erschüttert, die Inflation und ihre Auswirkungen auf den Lebensstandard und ungerechte Vermögensverlagerungen hervorgerufen. Für Europa erscheint der Erste Weltkrieg in der Tat als tragischer Bürgerkrieg, aus dem alle Beteiligten geschwächt hervorgehen. Für Europa der Anfang vom Ende . . .

Wenn die Friedensverträge wenigstens die Gefahr eines neuen Konfliktes für immer bannten! Präsident Wilson nimmt selbst an den Verhandlungen teil. Er trifft im Dezember 1918 in Europa ein und bleibt, abgesehen von einer einmonatigen Abwesenheit, bis zur Unterzeichnung des Versailler Vertrages. Seine Verhandlungen mit Clémenceau, dem italienischen Ministerpräsidenten Orlando und dem britischen Premierminister Lloyd George ziehen sich in die Länge. Als die deutschen Unterhändler schließlich hinzugezogen werden, sollen sie unterzeichnen und nicht angehört werden – die Bestimmungen diktieren die Sieger. In Deutschland wird man sich des

Schicksals bewußt, das ihm zugedacht ist. Elsaß und Lothringen kehren zu Frankreich zurück. Was wird aus dem Saarland, was aus Oberschlesien? Eine 100000 Mann starke Armee, eine intakte nationale Einheit, eine durch den Krieg nicht erschütterte Wirtschaftskraft – das sind andererseits eine Reihe von Trümpfen in der Hand eines militärisch geschlagenen Landes. Mitteleuropa und der Balkan werden neu geordnet. Gewiß, die Tschechoslowakei, Polen und Ungarn werden aus der Taufe gehoben oder entstehen wieder. Damit geht die Geschichte des Vielvölkerstaates Österreich-Ungarn zu Ende. Das Ottomanische Reich verliert seine Besitzungen in Europa und im Nahen Osten und wird zur Republik Türkei. Italien indessen ist unzufrieden und verlangt Anteile an der Beute, die ihm seine Verbündeten verweigern. Großbritannien möchte Deutschland und damit die seit langem geknüpften Handelsbeziehungen schonen. Frankreich befürchtet weiterhin die deutsche Revanche. 30 Millionen Menschen in Europa empören sich gegen die Einverleibung in Länder, die sie nicht als ihr Vaterland betrachten. Im Osten wird sich Rußland bald Sowjetunion nennen und zur bedrohlichsten Unbekannten der europäischen Politik werden. Die Vereinigten Staaten verleugnen Präsident Wilson, um sich in eine Politik des Isolationismus und Nationalismus zu flüchten. Das war der „letzte Krieg", und zwanzig Jahre später beginnt der Zweite Weltkrieg.

Die hier vorgelegten Photographien wird man dank ihrer technischen Qualität, ihrer bemerkenswerten Vielfalt und Zahl nicht ohne Schaudern betrachten können. Die Reporter haben nicht nur auf ihre Weise die Kriegsführung der Franzosen oder der Deutschen geschildert, sondern uns darüber hinaus die Möglichkeit zum Vergleich geboten. Beim Umblättern geht der Betrachter gleichsam durch die feindlichen Linien, und plötzlich begreift er, was allen Kämpfenden gemeinsam ist: entsetzliche Lebensbedingungen, die Allgegenwärtigkeit des Todes. Der große Krieg lief nicht einfach auf Knopfdruck ab. Zwar wurden damals zum ersten Mal neue Waffen systematisch eingesetzt: Kampfgase, Flugzeuge, Tanks, großkalibrige Kanonen, Minen, Maschinengewehre – alles in die technische Praxis umgesetzte Erfindungen jüngsten Datums. Aber der wissenschaftliche, industrielle und totale Krieg reduziert die Rolle des Menschen keinesfalls auf ein Nichts. 1914–1918 hat der Mensch ebensoviel, wenn nicht mehr gezählt als die Maschine. Denn es war auch ein Krieg der Infanterie. Die Grenadiere waren im Nahkampf ausgebildet; man hat ihnen immer wieder eingetrichtert, daß das Bajonett „von unten nach oben" geführt wird. Das erklärt vielleicht das Ausmaß der Schlächterei. Die Gedenkstätten für die Toten legen ein tragisches Zeugnis davon ab. Und wer über die Hauptallee der Totenstätten von Douaumont gegangen ist, kann das schreckliche Schauspiel kaum vergessen. Aus den Photos wird nicht einfach eine nationale, sondern eine europäische Sicht eines Konfliktes deutlich, der zwei oder drei Generationen gezeichnet hat und dessen Spuren erst 50 Jahre später ausgelöscht wurden.

Schließlich belegen die Bilder eine schlichte Wahrheit: Die Geschichte des 20. Jahrhundert ist nicht nur die der Verträge, der Berichte, der schriftlichen Dokumente, sondern auch die der Photoreportage. Geist und greifbarer Anblick . . . Das macht die Geschichte erregend und bedrückend zugleich. Durch die überlegte Auswahl der Bilder, die Reihenfolge, die den Lauf der Geschichte respektiert, durch seinen Wunsch zu verstehen und verstanden zu werden, unterstreicht Eric Baschet auf's beste diese Wahrheit. Auf seine Weise leistet er die Arbeit des Historikers.

André Kaspi
Dozent an der Universität Lille III

Die Mädchen des Jules-Ferry-Lyzeums schenken Clémenceau einen goldenen Federhalter zur Unterzeichnung des Friedensvertrages.
Ein Berg von Geschützteilen auf dem Rond Point des Champs Elysées symbolisiert 4 Jahre Krieg, 10 Millionen Tote, Zerstörung und Ruinen.

DER VERTRAG VON VERSAILLES

An diesem Tisch in einem Saal des Trianon-Palace in Versailles diktierten die Siegermächte am 7. Mai 1919 den Deutschen ihre Friedensbedingungen.

Nach außen voller Hoffnung, gehen die ersten deutschen Unterhändler im Park des Versailler Schlosses spazieren. Sie bereiten die Ankunft ihrer Delegation vor.

Die „Großen Vier" bei der Ausarbeitung des Friedensvertrages.
Von links nach rechts: der Engländer Llyod George, der Italiener Orlando, der Franzose Clémenceau, der Amerikaner Wilson.

Die Franzosen bereiten Präsident Wilson einen herzlichen Empfang.
Das amerikanische Eingreifen war mitentscheidend für den Sieg.

*Mit Hutschachteln und Koffern
trifft ein deutscher Gesandter in Versailles ein.*

Friedensbedingungen hat der offizielle deutsche Vertreter, Graf Brockdorff-Rantzau, seine Mission beendet.

Le Vainqueur

Ohne Blumen, ohne Musik verläßt die deutsche Delegation auf dem Weg nach Versailles am Abend des 29. April 1919 den Wartesaal des kleinen Bahnhofes von Vaucresson.

Der 7. Mai 1919: *Ankunft der Delegationen vor dem Trianon-Palace.*

Mit der Rede Clemenceaus wird die Sitzung eröffnet.

Die draußen vor der Tür verfolgen interessiert die Debatten im Konferenzsaal.

Eine große Menge jubelt am 28. Juni 1919 den Diplomaten zu, die zur Unterzeichnung des Friedensvertrages vor dem Schloß in Versailles eintreffen.

Die Zeremonie findet im Spiegelsaal statt.
Wilson unterschreibt sitzend. Clemenceau steht.

Versailles zur Stunde der Unterzeichnung. Blick auf das Schloß und die Orangerie.

Die Entscheidung ist vorbei. Die deutsche Delegation reist diskret ab.
In seinem Wagen einer der beiden Unterzeichner: Hermann Müller.

Gegen 5 Uhr abends schießen 75er Geschütze auf der Esplanade des Invalides Salut, um Paris die Nachricht von der Unterzeichnung bekanntzugeben.

Am Abend dieses historischen Tages finden sich die Pariser vor der Oper ein, um die Marseillaise zu singen.

Mit der Unterzeichnung des Friedens ist ein neues Kapitel in der Geschichte Frankreichs aufgeschlagen. Die Marschälle Foch und Joffre eröffnen die Siegesparade vom 14. Juli 1919.

Mit gezücktem Säbel ehren die Offiziere die kämpfende Truppe.

Preis des Sieges: die Parade der Kriegsversehrten.

Waffen des Sieges: ein Infanterist vor Tanks.

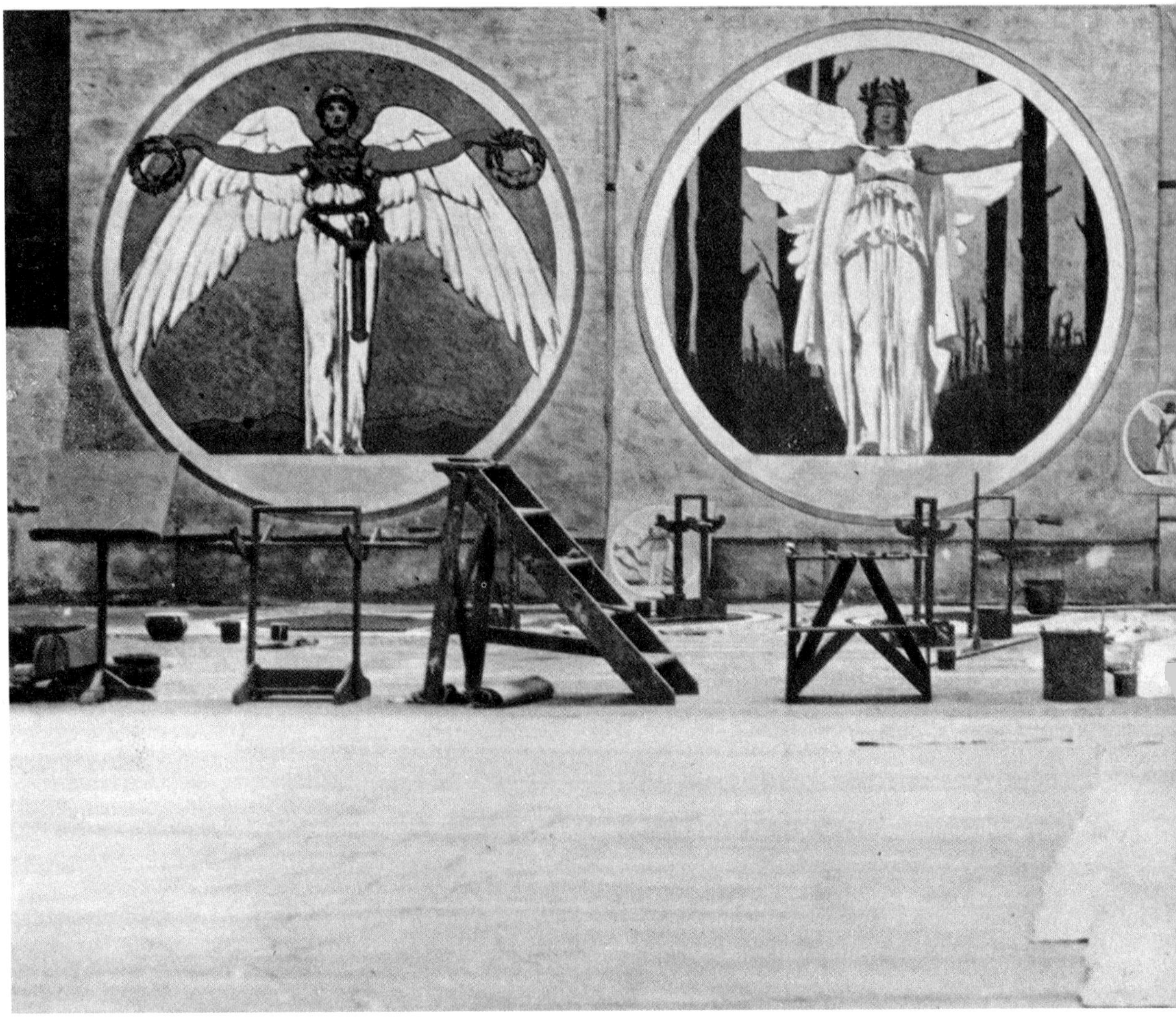

SOMME

ALSACE

Siegesstandarten und Triumphbögen im pompejanischen Stil werden überall in Paris errichtet, um die Heldentaten des Krieges zu feiern.

Drei Stunden Militärparade. Applaus für Franzosen und Verbündete. Plötzlich ein Beifallsturm: die Taxis der Marne.

Die Parade der Soldaten auf dem Madison Square.

18 000 amerikanische Soldaten aus einem Ausbildungslager bauen auf französischem Boden die Freiheitsstatue nach.

Rückkehr der Truppen und Siegesfeier in den USA:
Parade der aus Europa heimkehrenden Truppen durch New York.

Siegesfeier am 19. Juli in London.

König Georg V. im Gespräch mit Präsident Poincaré.

Am 22. Juli feiert das belgische Volk seine Befreiung auf dem grossen Platz in Brüssel

24. Juli: Parade in Brüssel. Die belgische Königin am Arm von Poincaré auf dem Weg zur Tribüne. Dahinter König Albert mit Frau Poincaré.

1648–1684 raubte Ludwi
das deutsche Elsaß
1919 raubt es Clemencea
Elsaß-Lothringen:
87% deutschsprechende Bevölkerung

Berlin desmonstriert gegen den Vertrag von Versailles

Der Vertrag von Versailles, gebunden

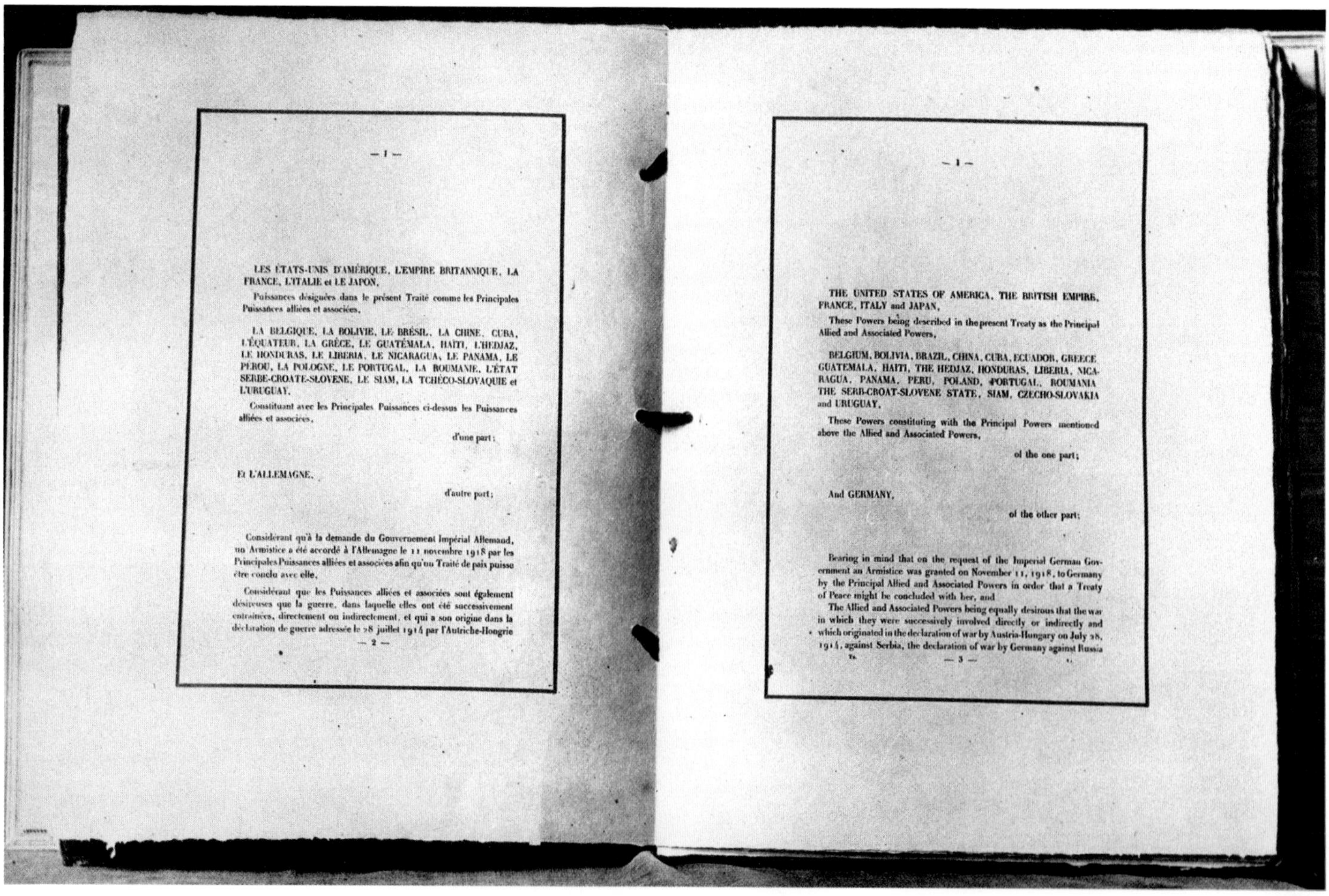

— 1 —

LES ÉTATS-UNIS D'AMÉRIQUE, L'EMPIRE BRITANNIQUE, LA FRANCE, L'ITALIE et LE JAPON,

Puissances désignées dans le présent Traité comme les Principales Puissances alliées et associées,

LA BELGIQUE, LA BOLIVIE, LE BRÉSIL, LA CHINE, CUBA, L'ÉQUATEUR, LA GRÈCE, LE GUATÉMALA, HAÏTI, L'HEDJAZ, LE HONDURAS, LE LIBERIA, LE NICARAGUA, LE PANAMA, LE PÉROU, LA POLOGNE, LE PORTUGAL, LA ROUMANIE, L'ÉTAT SERBE-CROATE-SLOVENE, LE SIAM, LA TCHÉCO-SLOVAQUIE et L'URUGUAY,

Constituant avec les Principales Puissances ci-dessus les Puissances alliées et associées,

d'une part;

Et L'ALLEMAGNE,

d'autre part;

Considérant qu'à la demande du Gouvernement Impérial Allemand, un Armistice a été accordé à l'Allemagne le 11 novembre 1918 par les Principales Puissances alliées et associées afin qu'un Traité de paix puisse être conclu avec elle,

Considérant que les Puissances alliées et associées sont également désireuses que la guerre, dans laquelle elles ont été successivement entraînées, directement ou indirectement, et qui a son origine dans la déclaration de guerre adressée le 28 juillet 1914 par l'Autriche-Hongrie

— 2 —

— 1 —

THE UNITED STATES OF AMERICA, THE BRITISH EMPIRE, FRANCE, ITALY and JAPAN,

These Powers being described in the present Treaty as the Principal Allied and Associated Powers,

BELGIUM, BOLIVIA, BRAZIL, CHINA, CUBA, ECUADOR, GREECE GUATEMALA, HAITI, THE HEDJAZ, HONDURAS, LIBERIA, NICARAGUA, PANAMA, PERU, POLAND, PORTUGAL, ROUMANIA THE SERB-CROAT-SLOVENE STATE, SIAM, CZECHO-SLOVAKIA and URUGUAY,

These Powers constituting with the Principal Powers mentioned above the Allied and Associated Powers,

of the one part;

And GERMANY,

of the other part;

Bearing in mind that on the request of the Imperial German Government an Armistice was granted on November 11, 1918, to Germany by the Principal Allied and Associated Powers in order that a Treaty of Peace might be concluded with her, and

The Allied and Associated Powers being equally desirous that the war in which they were successively involved directly or indirectly and which originated in the declaration of war by Austria-Hungary on July 28, 1914, against Serbia, the declaration of war by Germany against Russia

— 3 —

Hier eine der ersten Seiten. Zum ersten Mal ist ein diplomatisches Schriftstück zweisprachig abgefaßt.
Bis dahin war Französisch die ausschließliche Diplomatensprache.
Dieser Band, der nur einen unsicheren Frieden schuf, sollte übrigens 1940 von den Deutschen vernichtet werden.

DER VERTRAG VON VERSAILLES

Die Vorbereitungen

Ende April 1919 treffen die deutschen Unterhändler in Versailles ein, angeführt von Graf Brockdorff-Rantzau, dem Außenminister der Reichsregierung.

Eine Note des Obersten Rates der Verbündeten bestimmt, daß die Deutschen weiterhin als Feinde anzusehen sind.

Sie sind im Hôtel des Réservoirs untergebracht neben dem Trianon-Palace, wo die Sitzungen abgehalten werden.

Der Ordnungsdienst achtet darauf, daß sie keinen Kontakt mit der Außenwelt außerhalb der Sitzungen aufnehmen können. Immerhin können sie telefonisch oder telegraphisch mit Berlin oder Weimar in Verbindung treten.

Die Verhandlungen

Am 16. Juni übergeben die Verbündeten ihre Antwort auf die deutschen Gegenvorschläge, die Graf Brockdorff-Rantzau am 29. Mai vorgelegt hat.

Das Papier enthält folgende Teile:

Grundlagen der Friedensverhandlungen – Völkerbund – Grenzen Deutschlands und politische Bestimmungen zu Europa – Deutsche Rechte und Interessen im Ausland – Bestimmungen zu Heer, Marine und Luftwaffe – Kriegsgefangene – Sanktionen – Reparationen – Finanzielle, wirtschaftliche Bestimmungen – Häfen, Wasserstraßen und Eisenbahnen – Garantien.

Diese einfache Aufzählung bezeugt, bis in welche Einzelheiten die Verbündeten ihre Ansprüche festgelegt haben. Aber sie haben die deutschen Einwände überhaupt nicht berücksichtigt. Weder in der Elsaß-Lothringen-Frage, noch zum künftigen Status der Saar, den Bestimmungen zur Marine oder den Sanktionen gegen die Kriegsverbrecher wird eine Erörterung zugelassen.

Eine Frist von sieben Tagen wird Deutschland zur Annahme der Bedingungen eingeräumt. Sollte die Unterzeichnung abgelehnt werden, würde der Waffenstillstand automatisch aufgehoben und die umfangreichen, von Marschall Foch vorbereiteten militärischen Sanktionen unverzüglich anlaufen.

Die Unterzeichnung

Am Montag, dem 23. Juni, erklären sich die Deutschen um 7 Uhr abends zur Unterschrift unter den Friedensvertrag bereit.

Die Unterzeichnung findet am 28. Juni im Spiegelsaal des Schlosses von Versailles statt. An der Spitze der Eingeladenen die ruhmreichen Generäle: General de Castelnau und General Dubail, die Sieger der großen Schlachten in Lothringen die Generäle Guillaumat, Berdailat, Balfairier, Alby und Maunoury. Aber es fehlen so hervorstechende Persönlichkeiten wie Marschall Joffre, der Sieger von der Marne, Marschall Foch, der Sieger im langen Kampf um die Ile-de-France, Marschall Pétain, der Retter von Verdun.

Um 4 Uhr nachmittags haben alle Unterhändler ihre Mission erfüllt.

Zwei 75er Batterien verkünden der Welt, daß der Frieden unterzeichnet wurde.

Eingegraben seit mehr als drei Jahren, bleiben Verbündete und Deutsche unwiderruflich im Stellungskrieg stecken. Staatspräsident Poincaré (hier mit Schirmmütze) besichtigt regelmäßig die Stellungen, um die Moral der Truppe zu heben. →

DER GRABENKRIEG
Leben und Ablauf

Zwei Heere verschwinden in der Erde: Beginn des Grabenkrieges.
Beide Parteien graben unendliche Gänge, die die Täler in eine doppelte Maulwurflandschaft verwandeln,
die bald von einem gemeinsamen Feind heimgesucht wird: den Ratten.

Zwischen den deutschen und französischen Stellungen bieten dichte Stacheldrahtverhaue Schutz vor Überraschungsangriffen. Oft allerdings nur ein scheinbarer Schutz, denn wenn Gänge gegraben werden, spürt der Gegner mit Hilfe von Mikrofonen die dumpfen Geräusche von Hacke und Schaufel auf.

Eine Art Leben beginnt: ein deutscher Friseur rasiert seine Kameraden, und hinter den Gewehren, die immer auf den Feind gerichtet bleiben, nehmen die Männer einen Schluck, lesen und schreiben. Niemals ist die Anpassungsfähigkeit des Menschen an seine Umwelt besser illustriert worden als durch das Leben der Soldaten beider Fronten im Dreck der Schützengräben.

Koketterie auf französischer Seite:
der „Duschsalon" erlaubt dem Landser eine gefahren- aber nicht humorlose Säuberung.

Gemeinsames Duschen unter dem Schutz einer deutschen Einheit. Eine Mußestunde vor der Rückkehr in die dreckigen Gräben.

Steinbrüche oder Lichtungen ersetzen die zerstörten Kirchen.
Feldaltäre vereinigen alle Soldaten, Deutsche und Franzosen, die in ihren Gebeten Gott um Frieden bitten.

Eine Mine ist explodiert. Nach kurzem Abwarten obsiegt die Neugier.
Als Schaulustige verlassen die Soldaten beider Linien die Gräben, diesmal ohne Schußwechsel.

Klubsessel auf englischer Seite.

Weiße Tischdecke auf deutscher Seite.
Jeder Stab versucht, verlorene aber nicht vergessene Statussymbole an der Front wieder aufzubauen.

Die Angriffe

Gewußt wie: diese Klingel ist mit dem Stacheldraht vor dem Schützengraben verbunden und wird den Alarm auslösen, wenn der Feind versucht, sich nachts heranzuschleichen.

Mit dem Kopf über den Graben hinauszuschauen, kommt meistens einem Todesurteil gleich.
Alles, was den Soldaten erlaubt, den Feind zu beobachten oder ihn mit Granaten zu beschießen, ohne die Deckung zu verlassen, wird von beiden Parteien ausprobiert.

Um das Feuer der leichten Waffen zu unterstützen, bestreicht die Artillerie (Mörser und weittragende Geschütze) vor der Offensive das Gelände.

Plötzlich ist die Hölle los.
Eine Sintflut aus Eisen und Feuer löscht alles Leben in dem Geländeabschnitt aus,
in dem später der kalte Zorn des Nahkampfes toben wird.

Letztes Granatfeuer vor dem Verlassen des Schützengrabens.

Kampf unter offenem Himmel. Befehl der Offiziere: Erst schießen, wenn man das Weiße im Auge des Gegners sieht.

Die Franzosen stürzen sich auf den Feind. Ziel: die Rückeroberung eines Schützengrabens.

Unter ihren Masken marschieren die Deutschen auf die französischen Linien vor und überziehen das Gelände mit einer Gaswolke.

Eine große Ebene, Krater oder Gräben, Soldaten, die in alle Richtungen laufen, explodierende Geschosse: das Schlachtfeld.

Die Folgen der Sintflut von Feuer sind entsetzlich.
Ausgebrannte Autobusse und Lastwagen, zerstörte Schienen, durchlöcherte Häuser, zersplitterte Bäume.

Material, Tiere, Menschen — Tod und Zerstörung überall.

Auszeichnung der tapferen Soldaten — Orden oder „Croix de Guerre".

Auf die Toten wartet das Grab.

Und das Leben im Graben nimmt seinen Lauf.

DER GRABENKRIEG

Leben und Ablauf

(Bericht eines Korrespondenten über Stimmung und Leben in den Schützengräben des Nordens.)

Wohl sind es Helden, aber auf den ersten Blick unterscheiden sie sich nicht von anderen Menschen. Sie tragen keine Siegeskränze, mit denen wir die Halbgötter der Schlachten schmücken, sie werfen sich nicht in die Brust, geben sich weder überheblich, noch als alte Haudegen oder spöttisch. Sie sind schlicht in ihrer Sprache, von trockenem Humor oder gutmütige Kerle, natürlich ... schwer zu beschreiben.

Bevor wir den Graben, der zu seinem Bereich führt, erreichen, flüstert ein Soldat grinsend:

„Ducken Sie sich ein bißchen! Fritz schießt."

Hier heißt der Deutsche entweder „Fritz" oder „der Verrückte", „Fritz", wenn er gezielt und sparsam schießt, „der Verrückte", wenn er seine Munition vergeudet.

Es heißt auch, daß „Fritz" krank ist, oder daß er frühstückt oder daß er „verschieden" ist oder daß er träumt, wenn eine Stunde ohne Einschläge verstreicht.

So ein Ton herrscht in den Gräbern nach einer Woche Untätigkeit.

Woran denken diese Männer? An geschlagene Schlachten, an gefallene Kameraden, an das, was sich für den nächsten Tag vorbereitet und von dem man nichts weiß? Vielleicht; jedenfalls wird von der Vergangenheit kaum gesprochen und nicht viel von der Zukunft, man läßt sich friedlich gehen. Der Haß der „Poilus" hat eine neue Form angenommen: er ist wie von einer gedämpften Heiterkeit geadelt, die nicht unterdrückt wird, und von einem starken Bedürfnis zu leben beseelt. Man belauert sich, man beschießt sich aus dem Hinterhalt, man tötet sich, man schätzt sich genau richtig ein, man begutachtet sich und erzieht sich wechselseitig (...).

Die Angriffe

(Bericht eines Soldaten.)

Es ist Sonntag. Im Morgengrauen löst sich ein kühler Dunst schnell auf.

In den Gesprächsfetzen der Soldaten, die in Stellung gehen, dem Klicken der Bajonette, den Stimmen, kündigt sich etwas Gewaltiges an. Alle sind auf dem Posten. Von Zeit zu Zeit wird die 75er unruhig, ruckt und schießt. Die schwere Artillerie feuert in langen Abständen. Einige deutsche Kugeln klatschen gegen unsere Wälle. Die Unruhe ergreift alle. Die vorgesehene Stunde rückt näher.

6 Uhr. Der eingetroffene Befehl läuft schnell durch die ganze Linie. Das sogleich ausgelöste Artilleriefeuer verkündet allen die befreiende Nachricht. 75er, 120er, 155er, 220er Granaten fallen wie dichter Regen auf die deutschen Stellungen. Auf der Front der gesamten Armee vermischen sich dumpfes und andauerndes Grollen der Abschüsse und fürchterliches Bersten der Einschläge. Behelfsmäßige Schutzstände zerfetzen, Pfähle fliegen in die Luft, Drahtstücke spritzen in alle Richtungen. Die Brüstungen der deutschen Gräben stürzen ein, die Sandsäcke des Splitterschutzes und der Unterstände reißen auf und blockieren die Verbindungsgänge. Obwohl sorgfältig und solide gebaut, werden die Schutzstände zu unsicheren Orten: Granaten, von speziellen Geschützen abgefeuert, schießen sie zusammen. Eine dichte Wolke aus Melinit und Staub steigt über den feindlichen Linien auf. Unsere Kanonen und Granatwerfer spucken unaufhörlich Eisen aus, als plötzlich sich das Granatfeuer noch verstärkt und verdoppelt. Das ist ein Taumel. Unsere „Poilus" warten ungeduldig auf das Zeichen zum Sturmangriff, das nach vierstündigem Bombardement erfolgen wird.

10 Uhr. Ohne in der Intensität nachzulassen, verlegt die Artillerie das Feuer weiter vor. Hinter allen Brustwehren der französischen Gräben springen unsere Soldaten hervor, stürzen vorwärts und brechen ungestüm in die deutschen Linien ein. Einige Gewehre feuern auf sie, ein oder zwei Maschinengewehre rattern, aber sie werden schnell zum Schweigen gebracht und umgedreht.

Auf die noch lebenden „Boches" werden einige Granaten geworfen, sie heben die Arme und ergeben sich. Einige weinen vor Schrecken, andere zittern am ganzen Leib; viele haben grauenvolle Verletzungen durch die Granatsplitter erlitten. Die Gräben sind voller zerrissener Leichen. Unsere Infanterie rückt weiter vor und führt Fahnen mit, die der Artillerie ermöglichen, den Vormarsch zu verfolgen und den Schuß ihrer Geschütze entsprechend zu verlängern.

In der Heimat geht das Leben weiter.
Diese eleganten Spaziergänger im Bois de Boulogne sind vielleicht Töchter, Frauen, Schwestern oder Patentanten von kämpfenden Soldaten. →

DAS LEBEN HINTER DER FRONT

Juni 1918: Unerschütterlich halten die Angler die Rute, die Kinder fahren Dreirad, die Sportlichen reiten aus, die Spaziergänger gehen in den Bois de Boulogne. Und dennoch war die Hauptstadt seit Beginn der Feindseligkeiten noch nie so sehr durch die Deutschen bedroht.

Im Park spielt ein Orchester für genesende Soldaten.
Aber können sie so einfach die Schrecken einer Front vergessen, an die sie bald zurückgeschickt werden?

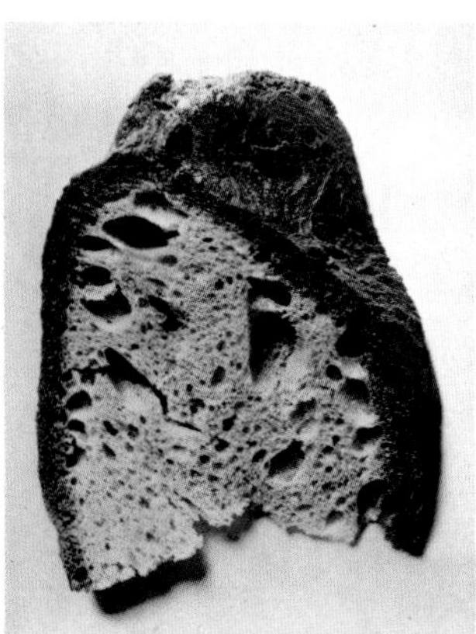

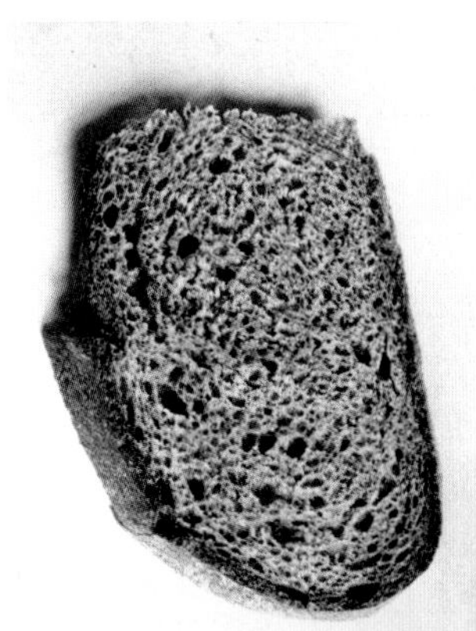

Militärbrot oder Zivilbrot.
Das Militärbrot ist deutlich besser als das oft ungenießbare Zivilbrot.

Da die Departements des Nordens besetzt sind, ist die Kohle rar.
Zwei Auswege: vor der Oper für die Wochenzuteilung schlangestehen oder zum Wucherpreis einige Holzscheite kaufen.

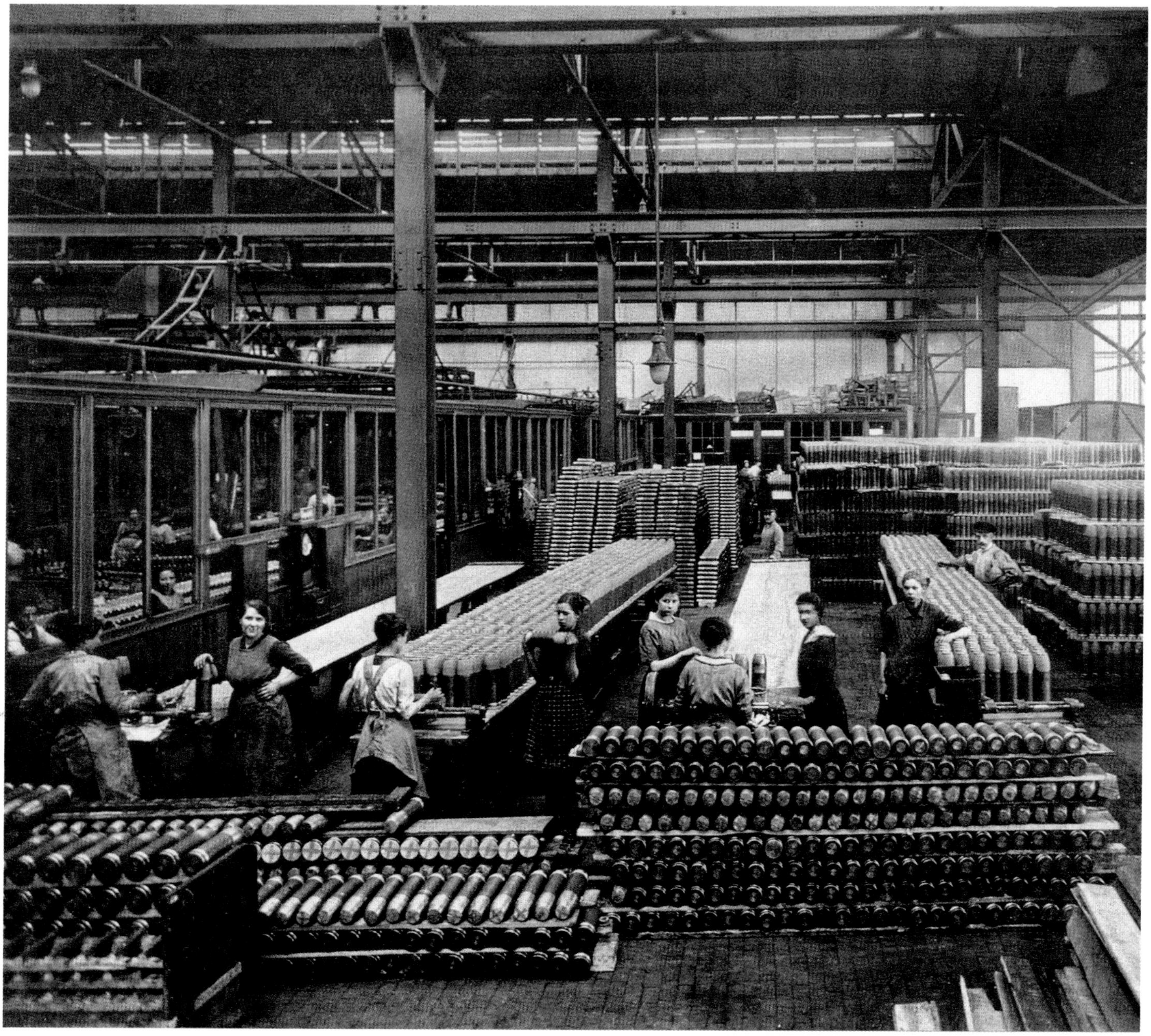

Die Männer stehen im Kampf, die Frauen arbeiten in Rüstungsbetrieben.

Auf dem Lande verrichten Frauen und Kinder die Feldarbeit.

Paris im »Bombenkleid«.
Die Scheiben sind durch den Luftdruck berstender Bomben und Granaten zerbrochen und werden durch Papier ersetzt.

DAS LEBEN HINTER DER FRONT

Berthas am Tag, Gothas in der Nacht, der ständige dumpfe Donner der Frontgeschütze, die Ulanen weniger als fünf „Etapen" von den Boulevards entfernt . . . Das ist für Paris eine mehr als düstere Atmosphäre . . .

Und dennoch geht das Leben weiter, als ob nichts geschehen wäre.

Der Pariser zieht sich in die Rolle des Unbeteiligten zurück, die an Unvorsichtigkeit grenzt. Der Frühling bleibt für ihn die Hochsaison, wo man sich elegant auf der Straße zeigt und in den Parks flaniert.

Die Frauen machen sich schön für einen Spaziergang zur Porte Dauphine, kokett gekleidete Mädchen bummeln über die Champs-Elysées oder im Park Monceau, Amazonen und Reiter treffen sich auf dem Akazien-Weg.

Die Terrassen der Cafés quellen von Gästen über, die Restaurants sind voll, in den Markthallen herrscht Gedränge vor den Blumenständen: die reich versorgten Lebensmittelläden bieten den Passanten die kostbarsten Stilleben. Die Angler haben sogar den Beginn der Angelzeit gefeiert. Wie immer zeigen sie eine ruhige und philosophische Haltung. Von der „Riesenkanone" sprechen sie nur quasi berufsmäßig, um ihren verderblichen Einfluß auf die äußerst vorsichtigen Grundlinge zu beklagen.

Abends treffen sich Concierges und Krämer in kleinen Gruppen vor der Tür, besprechen die letzten Meldungen und warten auf den täglichen Alarm.

So ist Paris: keinerlei Anzeichen für Unruhe, Nervosität oder gespieltes Heldentum. Es ist vollkommen Herr seiner Nerven und voll ruhiger Gelassenheit.

An der russischen Front wird am 15. Dezember 1917 der Waffenstillstand von Brest-Litowsk geschlossen. Die Truppen der Ostfront werden nach Westen verlegt, so daß die Oberste Heeresleitung, Hindenburg und Ludendorff, am 21. März 1918 eine Großoffensive auslösen kann. →

DIE DEUTSCHE OFFENSIVE

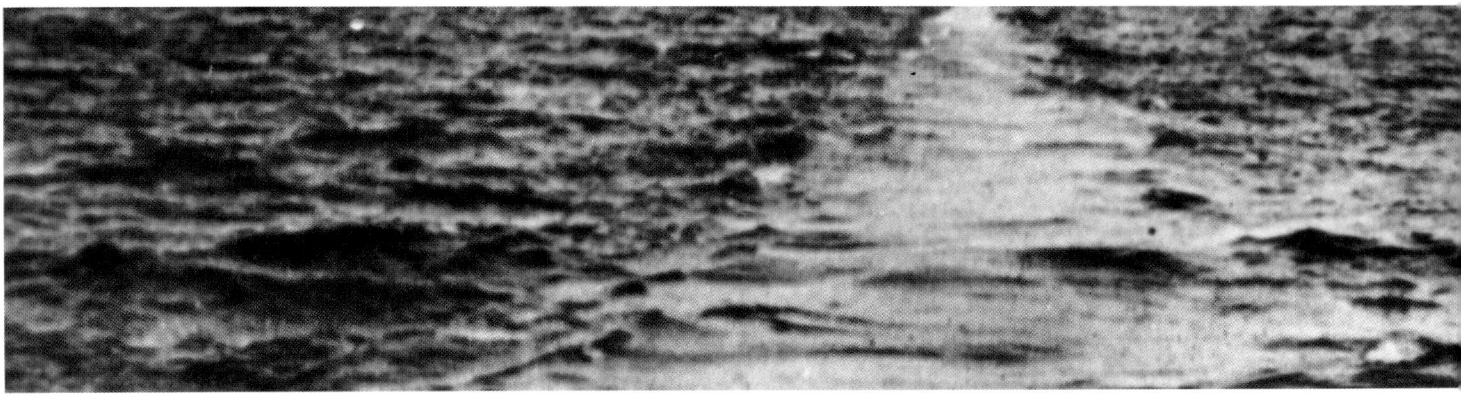

Mehr und mehr setzt Deutschland U-Boote ein, um die Nachschubwege der Alliierten zu stören. Die Versenkung der «Lusitania» löst den Eintritt der USA in den Krieg aus.

Deutschland wirft seine gesamte Feuerkraft in die Schlacht. Riesengeschütze, wie die „Dicke Bertha", beschießen Paris.

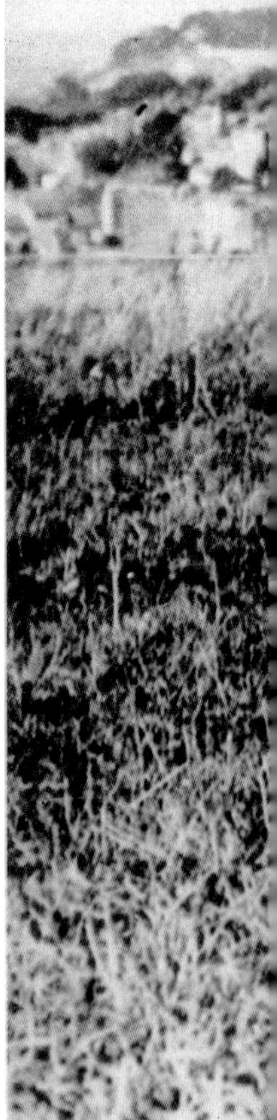

Der Stellungskrieg ist zu Ende. Der Vormarsch der Deutschen kommt schnell voran. Anfang April trennen sie noch 120 km von Paris.

Um vor Angriffen deutscher Bomber und der Beschießung durch die „Dicke Bertha" rechtzeitig warnen zu können, wird ein Alarmsystem um und über Paris eingerichtet.
Jeder Stadtteil erhält eine Sirene, Flugzeuge kreisen Tag und Nacht über der Stadt.

Gebäude stürzen ein. Viele Pariser finden den Tod. Bomben und Granaten wüten in der Stadt.

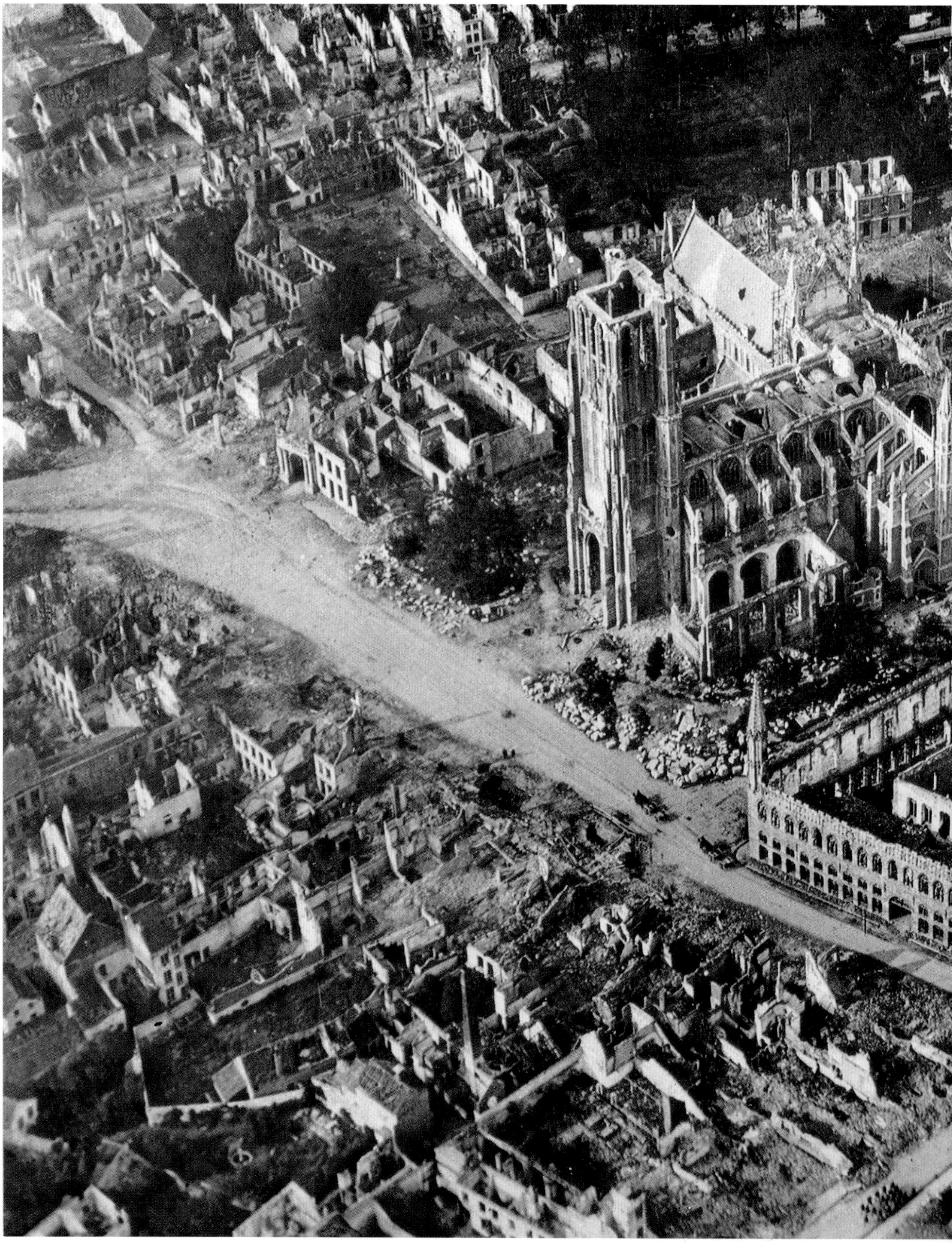

Der Krieg vernichtet alles, was sich ihm in den Weg stellt. Hier die Stadt Ypres, wo die Vernichtung total ist.

Eine grauenvolle Geißel: die Kampfgase. Ihr massiver Einsatz erlaubt es, den Feind auszulöschen. Die Masken verwandeln Menschen und Tiere in Gestalten der Apokalypse.

Weniger heimtückisch als das Gas, das bei umschlagendem Wind sich auch gegen die eigenen Leute richten kann, findet der Flammenwerfer Anwendung auf den Schlachtfeldern. Im Zweiten Weltkrieg wird man sich wieder an ihn erinnern.

Die bolschewistische Friedensdelegation wird von deutschen Offizieren in Brest-Litovsk empfangen.

DIE DEUTSCHE OFFENSIVE

Ursprung und Beginn

Nach dem Siegfrieden von Brest-Litowsk verlegt die deutsche Oberste Heeresleitung zahlreiche Einheiten von Ost nach West und faßt den Entschluß zu Überraschungsangriffen.

Der Bewegungskrieg kehrt wieder.

Am 21. März 1918 löst Ludendorff eine Offensive gegen die von britischen Truppen gehaltene Front in der Gegend zwischen Saint-Quentin und dem Lauf der Oise aus. Der Mechanismus des Angriffs ist einfach: ein erstes Korps marschiert vor, erreicht einen festgelegten Punkt. Ein anderes Korps bleibt zunächst zurück, überholt dann das andere und setzt den Vormarsch fort. Diese aufeinanderfolgenden Angriffe wirken wie Rammstöße gegen die Stellungen der Engländer, die sich zurückziehen müssen.

Das deutsche Hauptquartier rechnet mit einem Vormarsch von 8 Kilometern am ersten Tag, von 12 am zweiten und 20 am dritten. Aber die Franzosen eilen den Engländern zu Hilfe und stoppen den deutschen Durchbruch.

Die Gründe für die Wahl dieses Frontabschnittes zur Offensive sind politischer und militärischer Natur.

Die Deutschen halten die Nahtstelle zwischen französischem und britischem Heer für den verwundbarsten Punkt. Diese Verwundbarkeit ist mit dem Fehlen eines gemeinsamen Oberbefehls zu erklären. Angesichts der ernsten Lage wird Marschall Foch die Koordination der verbündeten Armeen anvertraut.

Die Beschießung von Paris

Die Deutschen leiten an bestimmten Frontabschnitten die Generaloffensive ein. Sie setzen ein immer wirksameres Kriegsmaterial ein.

Paris liegt ebenfalls im Visier.

Am 24. März schlägt ab sieben Uhr morgens alle Viertelstunde eine Bombe in der Hauptstadt ein.

Die Pariser, durch den großen Abstand zwischen den Einschlägen kaum beunruhigt, vertreiben sich die Zeit damit, den Himmel nach einem feindlichen Flugzeug abzusuchen. Da sie nichts entdecken, schließen sie daraus, daß die Deutschen einzelne leichte Flugzeuge schicken, die nur eine Bombe tragen können und sich in fünf- oder sechstausend Meter Höhe halten. Doch sehr schnell ergibt eine Untersuchung der Splitter, der Einschläge und des Bombardierungsrhythmus durch den bekannten Professor und Leiter des städtischen Laboratoriums, Kling, daß die Granaten auf Paris von einer 120 km entfernten Kanone abgefeuert werden. Dieses Geschütz trägt den Spitznamen „Dicke Bertha".

Einige Wochen später bringen das amerikanische Eingreifen und der Einsatz neuer Waffen die deutsche Offensive zum Stillstand.

6. April 1917. Ein wahrer Freudentaumel in den Straßen New-Yorks: Die Vereinigten Staaten haben Deutschland gerade den Krieg erklärt. →

DIE GEGENOFFENSIVE
Die amerikanische Intervention

Starke amerikanische Verbände treffen in Frankreich ein. Die Stärke nimmt ständig zu. 2 Millionen Soldaten stehen im Juli 1918 an der Front.

Warmer Empfang der Franzosen für die kaum noch erwarteten Amerikaner.

Die Ankunft all dieser Cowboys hebt die Moral der Franzosen.

Am 28. März 1918 unterstellt sich General Pershing mit seinen Truppen General Foch, der zum Generalissimus der verbündeten Armeen ernannt worden ist.

Mit ihren Einzelzelten bringen die amerikanischen Truppen viele neuartige Bilder in den Bewegungskrieg.

Diese „Yankee"-Materiallager entsprechen dem Großen Amerika.

Wege zum Sieg

März 1918. Foch, zum Generalissimus der alliierten Armeen ernannt, setzt verstärkt neues Kriegsmaterial ein. „Der Angriff erfolgt mit Tanks, gepanzerten Maschinengewehren und Jagdflugzeugen." 1918 ermöglichen die außerordentlichen Leistungen der Flugzeuge und Angriffspanzer den alliierten Truppen, den Feind zurückzuwerfen. Hier eines der „Asse" dieses Krieges: Guynemer. Als er 1917 abgeschossen wird, verzeichnet er mehr als 53 Abschüsse.

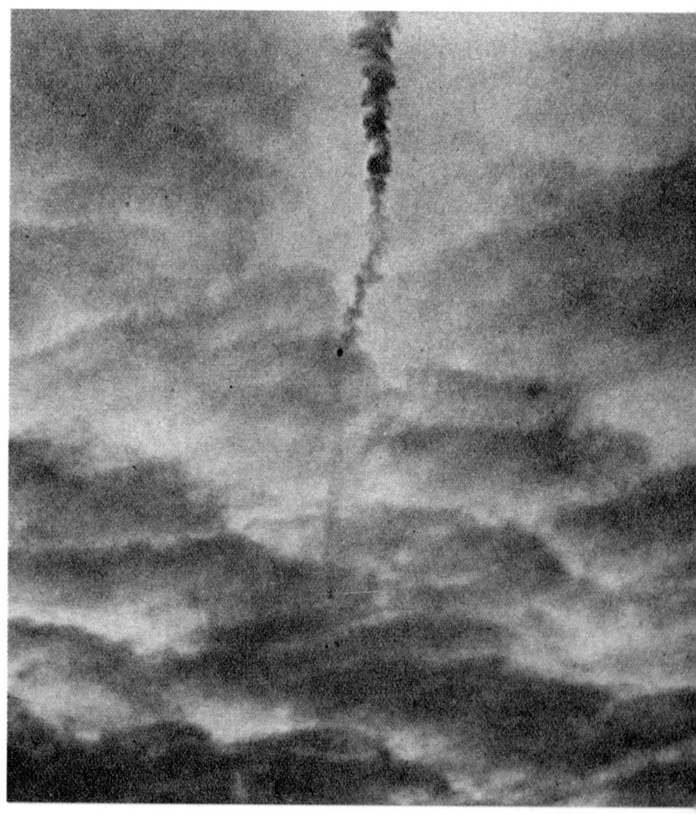

Eine Flugabwehrbatterie schießt einen der Zeppeline ab, die Paris bombardieren. Überall ist die deutsche Offensive gestoppt.

Das Auftauchen der Tanks verändert den Krieg. Der französische Tank ist leicht und beweglich. Schnell gewinnt er die Oberhand. Zu Lande wie in der Luft schreitet die Technik unglaublich schnell voran.

Dieser deutsche Tank ist voll von einer Granate getroffen worden.

Vor dem Erstflug über die feindlichen Linien wird jedes neue Flugzeug gesegnet

Von Flugzeugen angegriffen oder vom Boden beschossen werden 40 Zeppeline zerstört.

Vergleichbar einer mittelalterlichen Grablege, ruht dieser über Bixschoote abgeschossene deutsche Pilot auf dem Rumpf seines Flugzeuges.

Alle Kriegsgefangenen wiederholen immer wieder denselben Satz: „Und man hatte uns versprochen, es sei das letzte Mal."

Die amerikanische Intervention

Bei Beginn der deutschen Offensive zählt das amerikanische Heer in Frankreich nur 300.000 Soldaten oder 6 Infanterie- und Ausbildungsdivisionen. Aber im Oktober haben die amerikanischen Verbände schon 1,7 Millionen Mann erreicht. Vom April 1918 an werden alle verfügbaren Kräfte der Armee unter General Pershing an die Front geworfen.

General Foch begrüßt in einer Rede das amerikanische Eingreifen:

„Vom Mai an kämpften zwei amerikanische Infanteriedivisionen mit der ersten französischen Armee in der Gegend von Montdidier; 3 in den Vogesen, wo sie Franzosen ablösten; 2 in der Ausbildung.

Im Juni standen 2 weitere an der Marne, bei Château-Thierry und im Wald von Belleau, wo sie an der Abwehr des Feindes großen Anteil hatten.

Am 18. Juli beteiligten sich 5 amerikanische Divisionen an der siegreichen Gegenoffensive der 10. und 6. französischen Armee und trugen maßgeblich zu ihrem Erfolg bei.

Am 24. Juli wurde die 1. amerikanische Armee unter dem Befehl von General Pershing geschaffen. Seine Aufgabe war es, die Verbindungswege zwischen Paris und Nancy freizukämpfen und den Feind aus Saint-Mihiel zu vertreiben.

Am 12. September eroberten 14 amerikanische Divisionen, 8 in vorderster Linie, 6 als Reserve, den Frontbogen von Saint-Mihiel. 200 Kanonen und 15000 Gefangene fielen in ihre Hand. Einige Tage später, am 26. September, waren 14 amerikanische Divisionen zwischen Aisne und Maas, in der rauhen Argonner Gegend an einer großen Offensive beteiligt. Am zweiten Tag wurde Montfaucon passiert, am 14. Oktober Grandpré eingenommen, am 21. Chatillon, am 30. Bantheville, am 1. November Buzancy, am 4. Beaumont, und am 9. war der gesamte Lauf der Maas zwischen Monzon und Bazeilles in unserem Besitz.

Zur gleichen Zeit kämpften zwei amerikanische Divisionen mit der 5. französischen Armee vor Romains; zwei andere mit der englischen Armee in der Gegend von Saint-Quentin; wieder zwei andere eroberten in Zusammenarbeit mit der 4. französischen Armee die gewaltigen Stellungen von Orfeuil; schließlich nahmen zwei amerikanische Divisionen an der Offensive der Verbände in Flandern teil, an der Lys und dem Escaut. Zuletzt bereiteten 6 weitere zusammen mit der französischen Armee den Angriff auf Lothringen für den 14. November vor, als der Waffenstillstand vom 11. November uns Einhalt gebot."

Wege zum Sieg

Der Einsatz moderner Waffen veränderte das Bild des Krieges. Zu Lande wie in der Luft wird auf neue Weise gekämpft. Tanks und Flugzeuge tragen dazu bei, den Vormarsch der Deutschen zu verlangsamen, zu stoppen und sie schließlich zurückzuwerfen.

1. Die Luftwaffe

Seit Ende April beherrschen Franzosen und Engländer den Luftraum. Die Piloten spielen eine wichtige Rolle und begreifen schnell die ihnen zugewiesenen taktischen Aufgaben.

Bei Angriffen auf Konvois und Truppen operieren sie bis zu 60, ja sogar 80 km hinter den feindlichen Linien. Die deutsche Luftabwehr schießt genau; ein Flugzeug, das von einem Einsatz mit weniger als dreißig Kugeln im Rumpf, in den Flügeln, im Motor zurückkehrt, stellt eine Ausnahme dar.

2. Die Tanks

Seit Anfang Juli tragen die Tanks entscheidend zum Sieg bei. Sie brechen in feindliche Stellungen ein und erleichtern das Vorstürmen der Infanterie. Bei einem Einsatz bringt jede Abteilung Tanks zwischen 18 und 20 deutsche MG-Stellungen zum Schweigen, setzt Batterien außer Gefecht und erobert zahlreiches Kriegsmaterial.

Die Offensive

Die Offensive der Verbündeten löst die Gegenoffensive des 18. Juli ab und wird an der Westfront mit großer Aktivität fortgesetzt. Kaum sind die Deutschen auf die Stellungen des 21. März zurückgeworfen, greift Marschall Foch den alten Frontverlauf an, hinter dem die Deutschen den Winter zu verbringen hoffen. Man kann in der Tat keinerlei Verzögerung zwischen beiden Schritten der Offensive erkennen. Die Gegenoffensive erreicht ihren Höhepunkt, als schon in der Gegend von Quéant britische Truppen die Hindenburg-Linie angreifen; während noch zwischen der Ailette und der Aisne der Feind zurückgedrängt wird, bringen die Amerikaner die Stellungen von Saint-Mihiel zum Schweigen und greifen mit den Franzosen zwischen der Suippe und der Maas an. Dieses Fehlen eines Übergangs zwischen Gegenoffensive und eigentlicher Offensive charakterisiert das Vorgehen Fochs im Gegensatz zu dem Ludendorffs.

Während Ludendorff, entschlossen, den Verteidigungsgürtel zwischen Nordsee und der Schweiz aufzubrechen, monatelange Vorbereitungen trifft, die Truppen trainiert, Munition und Kriegsmaterial konzentriert und diese Vorbereitungen vor jedem Schlag wiederholt, geht Foch sogleich zur Belagerung einer Stellung über, hinter die sich der erschöpfte und durch einen fehlgeschlagenen Ausfall geschwächte Feind zurückgezogen hat.

Tausende deutsche Kriegsgefangene: Ergebnis der Gegenoffensive der Verbündeten seit Juli 1918. Viele lächeln, für sie ist der Krieg beendet. →

DER WAFFENSTILLSTAND

Die Gefangenen, ein wenig zusammengepfercht, wenn sie keine Offiziere sind, fassen wieder Hoffnung. Sie brauchen nur auf den Frieden zu warten, um entlassen zu werden.

CENTRAL RESTAURANT

Durch die Städte, die schon mit den Farben der Verbündeten geschmückt sind, ziehen sich die Deutschen zurück, und dennoch sind sie zufrieden: das Gros ihres Heeres ist gerettet.

Halt auf dem Kopfsteinpflaster des Nordens. Dieses deutsche Gespann sammelt Kräfte, bevor der geordnete Rückzug weitergeht.

Wie 2800000 andere junge Franzosen,
wird dieser Mann den Krieg nicht vergessen.

Überall Notlazarette. Hier im Flügel eines Schlosses.

Ankunft von Schwerverletzten in einem deutschen Bahnhof.

Lille feiert: die 5. britische Armee hält Einzug in die Stadt und setzt der vierjährigen deutschen Besatzungszeit ein Ende.

Clemenceau erhält den Beinamen „Vater des Sieges".

Am 11. November 1918 wird der Waffenstillstand in Rethondes unterzeichnet.

Foch und die Delegation der Schlafwagengesellschaft. Hitler wird die Wagen später zerstören lassen.

Auf seinem Schimmel wohnt Marschall Pétain dem Durchmarsch seiner Truppen durch Metz, der Hauptstadt Lothringens, bei.

Eine Husarenpatrouille erkundigt sich nach dem Weg. Ein Bauer zeigt die Richtung an, die es einzuschlagen gilt: nach Elsaß-Lothringen.

Das jubelnde Straßburg empfängt am 22. November die französischen Truppen.
Diese jungen Elsässerinnen in traditionellen Trachten wachen über die seit 1870 verschwundene französische Fahne.

Am 25. November hält Marschall Pétain, Oberbefehlshaber des französischen Heeres, feierlichen Einzug in das befreite Straßburg.

Rückkehr zu den Traditionen: dieses elsässische Dorf pflanzt auf dem Marktplatz einen Freiheitsbaum auf.

10 Millionen Tote.

1918 indessen ist die Hoffnung riesig. Das sollte der allerletzte Krieg sein.

Die letzten Kriegstage

Nach 51 Tagen erbitterter Gefechte sind die letzten Operationen vor dem Waffenstillstand vom Vormarsch der Alliierten und dem Rückzug der Deutschen bestimmt. Die verbündeten Armeen kommen, je nach Bereich, jeden Tag zwischen 10 und 15 Kilometer voran.

Seit dem 20. Oktober feiern viele Städte Nordfrankreichs und Belgiens – Saint-Quentin, Vouziers, Laon, Cambrai, Lille, Roubaix und Tourcoing, Ostende und Brügge – ihre Befreiung.

Die deutschen Parlamentarier bei Marschall Foch

Am 6. November 1918 kündigt ein Funktelegramm an, daß deutsche Reichstagsabgeordnete Berlin in Richtung Front verlassen haben. Sogleich setzt reger Funkverkehr zwischen dem alliierten Oberkommando und dem deutschen Obersten Hauptquartier ein.

Am 7. November überschreiten die fünf Vertreter der Reichsregierung um 9 Uhr abends die vorderste Frontlinie.

Am 8. November treffen sie um 9 Uhr zum ersten Mal mit Marschall Foch zusammen und erhalten Kenntnis von den alliierten Bedingungen. Ein deutscher Gesandter verlangt „im Interesse der Menschheit" die sofortige Waffenruhe. Foch lehnt mit dem Hinweis ab, daß eine Waffenruhe erst nach der Unterzeichnung des Waffenstillstandes eintreten könnte. Die Reichstagsabgeordneten übermitteln die Bedingungen sogleich nach Berlin. Wegen der schlechten Übermittlung verzögert sich die Antwort.

Sie trifft am 10. November um 9 Uhr abends ein. Die deutsche Regierung erklärt sich durch Funkspruch bereit, die ihr am 8. November gestellten Waffenstillstandsbedingungen anzunehmen.

Am 11. November wird um 5 Uhr morgens der Waffenstillstand unterzeichnet, auf der einen Seite von Marschall Foch, Generalissimus der alliierten Armeen, im Namen der verbündeten und assoziierten Mächte, im Beisein des Ersten Lords der Admiralität, Admiral Wemyss, auf der anderen Seite von den Unterhändlern des deutschen Reichskanzlers.

Die Waffenstillstands-Bedingungen

Einstellung der Feindseligkeiten auf dem Lande und in der Luft sechs Stunden nach der Unterzeichnung, am 11. November um 11 Uhr. Sofortiger deutscher Rückzug aus den besetzten Gebieten Belgiens, Frankreichs, aus Luxemburg und Elsaß-Lothringen innerhalb von fünfzehn Tagen, die Soldaten der dann nicht abgezogenen Einheiten geraten in Kriegsgefangenschaft, schrittweise Besetzung der genannten Gebiete durch alliierte Truppen, Rückführung der Zivilbevölkerung innerhalb von fünfzehn Tagen, darunter aller Geiseln, Verhafteten und Verurteilten.

Deutschland überläßt den Alliierten 5000 Geschütze, darunter 2500 schwere, 25000 Maschinengewehre, 3000 Minenwerfer, 1700 Jagd- und Bomberflugzeuge.

Die deutschen Truppen ziehen sich aus den linksrheinischen Gebieten innerhalb von 16 weiteren Tagen zurück, d. h. innerhalb von 31 Tagen nach dem Waffenstillstand. Die alliierten Truppen besetzten diese Gebiete und kontrollieren die örtliche Verwaltung. Sie richten in Mainz, Koblenz und Köln Garnisonen ein und besetzen, mit Brückenköpfen im Umkreis von 30 Kilometern auf dem rechten Rheinufer, die strategisch wichtigen Punkte der Gegend.

Einrichtung einer neutralen Zone von der holländischen bis zur schweizerischen Grenze von 10 Kilometer Breite parallel zum Strom und zu den Brückenköpfen.

In den geräumten Gebieten ist es Deutschland untersagt, Einwohner zu evakuieren, Anlagen zu zerstören oder zu beschädigen; es muß militärische und andere Einrichtungen, Versorgungsgüter, Lebensmittel, Munition, Vorräte für die Zivilbevölkerung usw. abliefern.

Eisenbahnen und alle anderen Verkehrsmittel müssen mit ihrem militärischen oder zivilen Personal in Betrieb bleiben. Das Gleiche gilt für Telegraphen und Telephon. Innerhalb von 36 Tagen müssen 5000 fahrbare Maschinen, 150000 Waggons und 5000 Lastwagen abgeliefert werden. Die Eisenbahn in Elsaß-Lothringen geht innerhalb von 31 Tagen mit Personal und sämtlichen Betriebseinrichtungen in alliierte Hände über.

Die Kriegsgefangenen in Deutschland werden ohne entsprechende Gegenleistung der Alliierten sofort in die Freiheit entlassen, auch die Verhafteten und Verurteilten. Die Rückführung deutscher Kriegsgefangener aus der Internierung in neutralen Ländern geht jedoch wie vorher weiter.

INDEX

1914–1918: Die Westfront
Chronologie der Ereignisse

Die Juli-Krise

28. Juni: *Ermordung des österreichischen Thronfolgers, Erzherzog Franz-Ferdinand, in Sarajewo.*

23. Juli: *Österreichisches Ultimatum an Serbien.*

28. Juli: *Kriegserklärung Österreich-Ungarns an Rußland. Russische Mobilmachung.*

1. August: *Deutsche Kriegserklärung an Rußland. Französische Mobilmachung.*

3. August: *Deutsche Kriegserklärung an Frankreich.*

4. August: *Deutscher Angriff auf Belgien. Englische Kriegserklärung an Deutschland.*

Das Fehlschlagen der Vormärsche

August: *Die französische Offensive in Lothringen schlägt fehl. Der Rückzug beginnt am 24.*

5. September: *Der deutsche Generalstabschef von Moltke 25 km vor Paris.*

6.–13. Sept.: *Das Wunder an der Marne. Joffre schlägt die Deutschen an der Aisne im Norden Reims zurück.*

20. Okt. - 17. Nov.: *Der neue Generalstabschef von Falkenhayn setzt vergeblich auf den Wettlauf zum Meer.*

Dezember: *Durchgehende Front von der Nordsee bis zur Schweiz.*

1915–1917: Der Stellungskrieg

1915

Mai: *Englisch-französischer Durchbruchsversuch im Artois. Italienischer Kriegseintritt an der Seite der Alliierten.*

September: *Englisch-französischer Durchbruchsversuch in der Champagne.*

1916

21. Febr. - 1. Juli: *Heftiger aber vergeblicher deutscher Angriff auf Verdun.*

1. Juli b. Ende Sept.: *Fehlschlag der französischen Offensive an der Somme. Hindenburg löst Falkenhayn ab, und Nivelle folgt auf Joffre.*

1917

März: *Erste russische Revolution.*

November: *Bolschewistische Revolution.*

15. Dezember: *Waffenstillstand von Brest-Litowsk: Rußlands Ausscheiden aus dem Krieg.*

6. April: *Kriegseintritt der Vereinigten Staaten*

16. April: *Englisch-französische Offensive an der Aisne. Das Fehlschlagen ist spätestens am 19. deutlich. Pétain ersetzt Nivelle.*

April–Juni: *Meutereien im französischen Heer.*

Herbst: *Englische Offensive: Blutiges Scheitern.*

23. Oktober: *Italienische Katastrophe bei Caporetto.*

17. Nov.: *Clémenceau Ministerpräsident.*

1918: Das Entscheidungsjahr

21. März: *Hindenburg und seine rechte Hand Ludendorff leiten eine erste Offensive gegen die Engländer in der Gegend von Saint-Quentin ein.*

26. März: *Foch erhält von den Regierungen Großbritanniens und Frankreichs den Auftrag, die Aktionen der verbündeten Armeen an der Westfront zu koordinieren. Pétain bleibt Oberbefehlshaber des französischen Heeres.*

9. April: *Zweite deutsche Offensive gegen die Engländer in Flandern.*

27. Mai: *Dritte deutsche Offensive an der Aisne. Erneut bedrohen die Deutschen von der Marne her Paris.*

15. Juli: *Zweite Marne-Schlacht; der deutsche Vormarsch auf Paris wird gestoppt.*

8. August: *Englisch-französische Offensive an der Somme. Deutscher Rückzug auf die Hindenburg-Linie.*

26. Sept.: *Beginn der Generaloffensive der Alliierten.*

25. Okt.: *Italienischer Sieg bei Vittorio-Veneto.*

Ende Sept. - Anfang Nov.: *Kapitulation der Verbündeten Deutschlands (Bulgarien, Türkei, Österreich-Ungarn).*

11. Nov.: *Waffenstillstand von Rethondes.*

1919:
Der Vertrag von Versailles

18. Januar: *Eröffnung der Friedenskonferenz. 27 Staaten sind vertreten.*

24. März: *Die Großen Vier werden leitendes Organ der Konferenz.*

7. Mai: *Überreichung der Friedensbedingungen an die deutsche Delegation.*

29. Mai: *Deutsche Gegenvorschläge.*

Anfang Juni: *Beratungen der Vier über die deutschen Gegenvorschläge.*

16. Juni: *Ultimatum der Siegermächte.*

20. Juni: *Rücktritt der Regierung Scheidemann. Bildung des Kabinetts Bauer – Erzberger, das bereit zur Unterzeichnung ist.*

23. Juni: *Sitzung der deutschen Nationalversammlung: Annahme des Vertrages.*

28. Juni: *Unterzeichnung des Vertrages in Versailles.*

INHALT

ISBN 3-88230-200-3

ART DIRECTOR : CLAUDE SIRE
AUSFUHRUNG : SARL ERIC BASCHET
UBERSETZUNG : DR. HEINER RAULFF
IKONOGRAFIE : BASCHET & CIE *(L'Illustration)*
BUNDESARCHIV DER
BUNDESREPUBLIK DEUTSCHLAND
HERSTELLUNG : EUXOS SARL, PARIS + CAJO LIESENBERG
OFFSET-REPRODUKTIONEN : CLG
FOTOSATZ : MEISTERDRUCK REUTE
HERGESTELLT IM HAUSE GRAFICOOP
SEPTEMBER MCMLXXVIII
VON DIESEM BAND WURDEN 50 EXEMPLARE
ALS SONDERDRUCK, NUMERIERT VON 1-50,
HERGESTELLT.

SECTION V.

ALSACE-LORRAINE.

—

Les Hautes Parties Contractantes, ayant reconnu l'obligation morale de réparer le tort fait par l'Allemagne en 1871, tant au droit de la France qu'à la volonté des populations d'Alsace et de Lorraine, séparées de leur Patrie malgré la protestation solennelle de leurs représentants à l'Assemblée de Bordeaux,

Sont d'accord sur les articles suivants :

Article 51.

Les territoires cédés à l'Allemagne en vertu des Préliminaires de Paix signés à Versailles le 26 février 1871 et du Traité de Francfort du 10 mai 1871, sont réintégrés dans la souveraineté française à dater de l'Armistice du 11 novembre 1918.

Les dispositions des Traités portant délimitation de la frontière avant 1871 seront remises en vigueur.

Article 52.

Le Gouvernement allemand remettra sans délai au Gouvernement français les archives, registres, plans, titres et documents de toute nature concernant les administrations civile, militaire, financière, judiciaire ou autres, des territoires réintégrés dans la souveraineté française. Si quelques-uns de ces documents, archives, registres, titres ou plans avaient été déplacés, ils seront restitués par le Gouvernement allemand sur la demande du Gouvernement français.

Article 53.

Il sera pourvu par conventions séparées entre la France et l'Allemagne au règlement des intérêts des habitants des territoires visés à l'article 51, notamment en ce qui concerne leurs droits civils, leur commerce et l'exercice de leur profession, étant entendu que l'Allemagne s'engage dès à présent à reconnaître et accepter les règles fixées dans l'Annexe ci-jointe et concernant la nationalité des habitants ou des personnes originaires desdits territoires, à ne revendiquer à aucun moment ni en quelque lieu que ce soit comme ressortissants allemands ceux qui auront été déclarés français à un titre quelconque, à recevoir les autres sur son territoire et à se conformer, en ce qui concerne les biens des nationaux allemands sur les territoires visés à l'article 51, aux dispositions de l'article 297 et de l'Annexe de la Section IV, Partie X (Clauses économiques) du présent Traité.

Ceux des nationaux allemands qui, sans obtenir la nationalité française, recevront